Christoph Becker

Kurzanleitung zur Quellenexegese im Römischen Recht

EINFÜHRUNGEN
– Rechtswissenschaft –

Band 1

LIT

Christoph Becker

Kurzanleitung zur Quellenexegese im Römischen Recht

Mit einem Beispiel
zum System der Schuldverhältnisse

7. Auflage

LIT

Gedruckt auf alterungsbeständigem Werkdruckpapier entsprechend
ANSI Z3948 DIN ISO 9706

Bibliografische Information der Deutschen Nationalbibliothek
Die Deutsche Nationalbibliothek verzeichnet diese Publikation in der
Deutschen Nationalbibliografie; detaillierte bibliografische Daten sind
im Internet über http://dnb.d-nb.de abrufbar.

7. Auflage 2013

ISBN 978-3-8258-7209-0

© LIT VERLAG Dr. W. Hopf Berlin 2013
Verlagskontakt:
Fresnostr. 2 D-48159 Münster
Tel. +49 (0) 2 51-620 320 Fax +49 (0) 2 51-23 19 72
E-Mail: lit@lit-verlag.de http://www.lit-verlag.de

Auslieferung:
Deutschland: LIT Verlag Fresnostr. 2, D-48159 Münster
Tel. +49 (0) 2 51-620 32 22, Fax +49 (0) 2 51-922 60 99, E-Mail: vertrieb@lit-verlag.de
Österreich: Medienlogistik Pichler-ÖBZ, E-Mail: mlo@medien-logistik.at
Schweiz: B + M Buch- und Medienvertrieb, E-Mail: order@buch-medien.ch

Vorwort zur siebten Auflage

Die sechste Auflage der Kurzanleitung ist ähnlich den vorangehenden Auflagen binnen Jahresfrist vergriffen. Ungefähr die Hälfte eines jeden Jahrgangs von Augsburger Studentinnen und Studenten der Rechtswissenschaft nimmt an den in jedem Semester angebotenen historisch-vergleichenden Exegesen zum römischen Recht teil – im Hörsaal bei den wöchentlichen Diskussionen, in häuslicher Ausarbeitung und in der Aufsichtsarbeit. Die rege Resonanz hilft, das Bewußtsein für die Bedeutung des römischen Rechts im Rechtsleben der Gegenwart weiterzutragen.

Für die Aufbereitung des Satzes zu diesem Druck danke ich Herren Akademischem Rat auf Zeit Dr. iur. *Peter Kreutz* und Wissenschaftlichem Mitarbeiter *Paul Fischer* sowie Herren stud. iur. *Rouven Eck* und stud. iur. *Konstantin Sahr*.

Augsburg, im November 2012

Christoph Becker

Vorwort zur dritten Auflage

Die zweite Auflage der Kurzanleitung ist in kurzer Zeit aufgebraucht. Ich habe das zum Anlaß für eine neuerliche Aktualisierung genommen. Für das Herstellen der Satzfassung danke ich den Herren Rechtsreferendar *Norbert Renftle* und stud. iur. *Paul Fischer*.

Augsburg, im November 2008

Christoph Becker

Vorwort zur zweiten Auflage

Die Kurzanleitung fand erfreulichen Zuspruch. Ihre erste Auflage ist vergriffen. Dies gab Gelegenheit zur Überarbeitung und Aktualisierung. Der Verfasser würde sich freuen, wenn die Studierenden die Schrift auch weiterhin heranzögen, um sich Zugang zur historischen Rechtsvergleichung zu verschaffen. Ihre Augsburger Kommilitoninnen und Kommilitonen tun dies, wenn sie sich auf ihr Seminar zur Universitätsprüfung vorbereiten. Sie legen damit zugleich einen Grundstein dafür, später im Beruf die allgegenwärtigen Anforderungen zu meistern, sich in ihnen zunächst unbekannten Rechtsgebieten heimischen wie auswärtigen Rechts mit geübtem Systemverständnis alsbald zurechtzufinden.

Für die Durchsicht meiner Überarbeitung und die Aufbereitung zum Drucksatz danke ich Herrn Assessor *Markus Scholz*.

Augsburg, im Oktober 2007

Christoph Becker

Vorwort zur ersten Auflage

Die kleine Darstellung zur Quellenexegese im Römischen Recht will den Studierenden Hilfe beim Zugang zu den alten Rechtstexten geben. Sie ist aus meinen Lehrveranstaltungen entstanden, in denen die Studierenden mit mir zusammen dem rechtlichen Gedankengut vergangener, aber nicht bedeutungslos gewordener Zeiten nachzuspüren suchen.

Für die Aufbereitung des Textes zum Druck danke ich Frau *Waltraud Schneider*.

Augsburg, im Juli 2003

Christoph Becker

Inhalt   Seite

VIII

A. Vergleichende Betrachtung römischer Rechtsquellen

I. Wozu Quellenexegese zum römischen Recht?

Nach der zum 1. Januar 2002 ins Haus gefallenen „Modernisierung" des deutschen Schuldrechts und angesichts zunehmender Beeinflussung durch das Recht der Europäischen Union erscheint die Beschäftigung mit der Frage reizvoll, ob Strukturen des römischen Rechts und insbesondere diejenigen des Obligationenrechts sich noch immer im geltenden bürgerlichen Recht abbilden. Sie tun es in der Tat. Die römischen Juristen könnten, wenn sie denn noch lebten, mit dem Stolz des Vordenkers darauf verweisen, daß ihr antikes Gedankengut sowohl in seiner Systematik als auch in zahlreichen Details dem Publikum gegenüber noch heute von reformeifrigen nationalen Gesetzgebern als „modern" (anstatt als zeitlos) ausgegeben werden können. Dieser Befund beruhigt insofern, als man nicht allzu große neuerliche Umstellung wird befürchten müssen, wenn die allenthalben entdeckte Besinnung auf das seit dem Mittelalter aus römischem Recht (und aus dem seinerseits im römischen Recht gründenden kanonischen Recht) erwachsene *ius commune*[1] ein neues gemeineuropäisches Zivilrecht hervorbringen wird[2].

---

[1] Einführend zur Entwicklung des *ius commune* Hans *Schlosser*, Neuere Europäische Rechtsgeschichte, München, 2012, Kapitel 3 ff. (S. 56 ff.).

[2] Über Fortwirken des gemeinen Rechts in Wiederherstellung europäischer Rechtseinheit lies Helmut *Coing*, Von Bologna bis Brüssel, Bergisch Gladbach, 1989; Hein *Kötz*, Europäisches Vertragsrecht, Band I, Tübingen, 1996; Rolf *Knütel*, Ius commune und Römisches Recht vor Gerichten der Europäischen Union, JuS 1996, 768 ff.; Klaus *Luig*, The History of Roman Private Law and the Unification of European Law, ZEuP 1997, 405 ff.; Filippo *Ranieri*, Europäisches Obligationenrecht, Wien, 1999; Tilman *Repgen*, Europäisierung des Privatrechts durch Wiederbelebung des ius commune?, in: Jahrbuch Junger Zivilrechtswissenschaftler 1997, Stuttgart, 1998, S. 9 ff.; Reinhard *Zimmermann*, The Law of Obligations, Cape Town, 1992; *Zimmermann*, Roman Law, Contemporary Law, European Law, Oxford, 2001. Bestandsaufnahmen zu den in Europa herrschenden nationalen Regeln des Vertragsrechts mit ihren Unterschieden und Gemeinsamkeiten: Hein *Kötz*, Europäisches Vertragsrecht, Band I, Tübingen, 1996; Ole *Lando/Hugh Beale* (Hrsg.), The Commission of European Contract Law, Principles of European Contract Law. Parts I and II, The Hague/London/Boston, 2000; Ole *Lando/Eric Clive/André Prüm/Reinhard Zimmermann* (Hrsg.), The Commission of European Contract Law, Principles of European Contract Law. Part III, The Hague/London/New York, 2003; Christian *von Bar/Reinhard Zimmermann* (Übersetzer), Kommission für Europäisches Privatrecht, Grundregeln des Europäischen Vertragsrechts, Teile I und II, München, 2002; Teil III, München, 2005; Christian *von Bar/Eric Clive/Hans Schulte-Nölke* (Hrsg.), Principles, Definitions and

II. Aufbau einer Quellenexegese

Im Anschluß an diese allgemeine Darstellung findet der Leser als ein Beispiel eine kurze Exegese zu Digestenstellen, welche sich die Einteilung der Schuldverhältnisse zum Thema machen (unten zu B.). Es handelt sich, da die Quelle tatsächlich in den Digesten *Justinians* liegt, im engeren Sinne um eine „Digestenexegese". Häufig wird der Begriff der „Digestenexegese" – *pars pro toto* – auch in einem weiteren, mehr auf die Methode, als auf den Gegenstand zielenden Sinne benutzt. Er bezeichnet dann jegliche Quellenexegese zum römischen Recht, obwohl vielleicht keine Digestenstelle zugrunde liegt, sondern eine Stelle aus dem *Codex Iustinianus* oder aus den Institutionen des *Gaius*, aus einem römischen Vertrag oder gar aus den Zwölftafeln.

Die Darstellung wird nach Wiedergabe des Quellentextes folgenden Gang nehmen:

1. Textidentifikation. Das ist erste Annäherung an die Quelle. Sie geschieht insbesondere durch Befassung mit der sogenannten Inskription, mithin durch Entschlüsselung der den Textauszügen in Digesten und Codex *Justinians* vorangestellten Herkunftsnachweise nach Art und Urheber. Hierzu gehört ein knapper Hinweis auf den geschichtlichen Zusammenhang der Quelle.

2. Texterfassung. Das heißt Übertragung des lateinischen Textes in die deutsche Sprache. Diese Texterfassung könnte auch, und dies ist sogar die häufigere Handhabung, vor die Textidentifikation treten[3]. Da aber treffsichere Übersetzung voraussetzt, daß man sich bereits Rechenschaft von der Herkunft des Textes verschaffte, erscheint es nützlich, die Identifikation zuerst zu meistern. Umgekehrt kann man natürlich ebensogut sagen, daß die Identifikation einem Leser erst aus der geleisteten Übersetzungsarbeit möglich ist; das betrifft aber weniger den für die Exegese typischen Fall eines der

---

Model Rules of European Private Law. Draft Common Frame of Reference (DCFR), Outline Edition, Munich, 2009; *Christian von Bar/Eric Clive* (Hrsg.), Principles, Definitions and Model Rules of European Private Law. Draft Common Frame of Reference (DCFR), Full Edition, 6 Bände, Munich, 2009.

[3] So bei *Friedrich Ebel/GeorgThielmann/Susanne Hähnchen*, Rechtsgeschichte, 4. Aufl., Heidelberg, 2012, § 1.V.3 (Rn. 30 ff.); *Karl-Heinz Schindler*, Der rechtsgeschichtliche Grundlagenschein und die Digestenexegese, JuS 1990, 386, 388; *Karlheinz Muscheler*, Römischrechtliche Exegese – Geschäftsführung ohne Auftrag, JuS 1988, 627; *Okko Behrends*, Römischrechtliche Exegese – Das deliktische Haftungssystem der lex Aquilia, JuS 1985, 878.

Fachwelt schon bekannten Quellentextes als vielmehr den – für die Exegese ungewöhnlichen – Fall, daß eine neue Entdeckung gemacht wurde und man nun an der Forschungsgrenze steht.

3. Interpretation. Das ist die inhaltliche Erschließung der Quelle. Der Bearbeiter versucht eine Annäherung an die Aussagen der Fragmente und Andeutung mutmaßlicher Zusammenhänge. Der Interpret stellt Fragen an den Text, oder anders ausgedrückt stellt der Bearbeiter sich Fragen zu dem, was der Text leistet. Der Bearbeiter stellt dabei die Grenzen der Aussagekraft des Textes heraus. Er sagt also auch, welche Fragen der Text nicht mehr oder zumindest nicht klar beantwortet. Ausgehend von der Textidentifikation wird der Bearbeiter oft zunächst nach dem Grundanliegen des Textes fragen; wichtige Größen hierbei sind Adressatenkreis, Hauptthema und Abstraktionshöhe. Der Betrachter führt dann die im Text aufgeworfenen Fragen vor. Dabei erwägt er, die Reihung der Worte und Gedanken des Textes zumeist aufgeben müssend, ob sich Einzelprobleme und Beispiele in einen Systemzusammenhang bringen lassen. Zumindest bemüht er sich um Hypothesen für weitere Forschungen, welche man anstrengen müßte, wenn, was bei der Aufsichtsarbeit nicht der Fall ist, zusätzliche Quellen zur Hand wären. In einer Hausarbeit wird der Bearbeiter diese selbstgefundenen Suchaufträge sogar ein Stück weit zu verfolgen haben, ohne daß er indessen unanzweifelbare Gewißheit zu schaffen hätte.

4. Gegenüberstellung des heute geltenden bürgerlichen oder öffentlichen Rechts. Das ist historische Rechtsvergleichung. Sie beschränkt sich meistens auf eine einzelne Rechtsordnung, und zwar regelmäßig auf die aus der Sicht des Verfassers heimische. In dieser Anleitung ist dies, wie zumeist bei ähnlichen Veranstaltungen an den Universitäten in Deutschland, das deutsche bürgerliche Recht. Vergleichsmaterial kann aber auch das deutsche Strafrecht oder das sonstige deutsche öffentliche Recht bieten. Hinzu treten etwaige Regelungen des europäischen Rechts. Zusätzlich gegenwärtiges ausländisches Recht heranzuziehen wird ohne besondere Aufforderung in der Aufgabenstellung nicht erwartet. Da das Vergleichsmaterial der Gegenwart dem Bearbeiter vertraut ist, wird er genauere Antworten auch zu solchen Fragen geben, die er in der Betrachtung der Quelle offenlassen mußte. Die vergleichende Betrachtung offenbart dem Leser nicht allein mutmaßliche Entwicklungsgänge der Vergangenheit, sondern fördert auch die notgedrungen nicht authentische, nicht wirklich zeitgenössische Sichtweise zu Begriffen, Systemen und Geschehnissen in der Herkunftszeit der Quelle zutage, welche der heutige Verfasser bei der Interpretation der Quelle hatte.

III. Aufsichtsarbeit oder Hausarbeit?

Die soeben aufgezählten vier Schritte bilden den Kern der Exegese (ähnlich wie sich das juristische Gutachten in vier Schritten [Prüfungsansatz, Entfaltung der Voraussetzungen, Subsumtion, Ergebnis] aufbaut). Sie entsprechen einer seit langem herrschenden Gepflogenheit der Auseinandersetzung mit alten Rechtsquellen unter rechtsvergleichender Zielrichtung. Auf sie beschränkt sich eine universitäre Aufsichtsarbeit. In einer Hausarbeit tritt noch der für wissenschaftliche Ausarbeitungen übliche Rahmen hinzu[4]. Die Abfolge kann dann folgendermaßen aussehen:

1. Deckblatt,

2. Gliederung,

3. Wiedergabe der zu untersuchenden Stelle,

4. Literaturverzeichnis,

5. Abkürzungsverzeichnis,

6. Identifikation des Textes,

7. Übersetzung,

8. Interpretation,

9. Vergleich mit dem geltenden Recht.

Diese Reihenfolge ist nicht die einzig denkbare[5]. So lassen sich etwa die Verzeichnisse ebensowohl am Schluß unterbringen. Im Übrigen unterscheidet sich die Hausarbeit von der Aufsichtsarbeit wie immer dadurch, daß der Verfasser sie mit einem Fußnotenapparat ausstattet. Der Verfasser einer Aufsichtsarbeit kann das selbstverständlich nicht leisten, weil er, von dem Quellentext selbst und der modernen Gesetzestextausgabe abgesehen, keine Editionen und keine weiterführende Literatur zur Hand hat. Soweit der Leser

---

[4]   Siehe zum Beispiel *Fritz Sturm*, Die Digestenexegese, in: *Hans Schlosser/Fritz Sturm/ Hermann Weber*, Die rechtsgeschichtliche Exegese, 2. Aufl., München, 1993, S. 1 ff.

[5]   Die hier vorgeschlagene Abfolge deckt sich nicht ganz mit der zuvor zitierten Anleitung von *Sturm*, in: *Schlosser/Sturm/Weber*, S. 3.

beim nachstehenden Beispiel, das sich als Beispiel für eine Klausur versteht, demzuwider Fußnoten antrifft, dienen sie lediglich der Anregung zu weiterem Studium.

IV. Konkrete Fragen in der Aufgabenstellung?

Da die Auseinandersetzung mit dem Quellentext ein festes Gerüst hat, könnte ein Aufgabensteller sich eigentlich damit begnügen, auf dem Aufgabenblatt allein den Quellentext wiederzugeben, ohne daß er dazu sagte, was er vom Bearbeiter verlange. Tatsächlich allerdings ist es in den letzten Jahrzehnten üblich geworden, sich mit detaillierten Fragen an den Bearbeiter zu wenden. Diese Fragen stellen nichts anderes dar als Elemente aus dem geschilderten Gerüst. Die Verwendung einzelner Fragen bietet dem Aufgabensteller den Vorteil, Schwerpunkte zu bestimmen. Auch kann in ihnen die Aufgabenstellung um Gesichtspunkte angereichert werden, welche sich aus der Exegese des Quellentextes an sich nicht sogleich ergäben. So kommt es nicht selten vor, daß als Teil einer bestimmten Frage zum Vergleich weitere Quellen aus anderen Zeiten hinzugenommen werden.

Im Grundsatz aber darf man sich nach wie vor nicht überrascht fühlen, wenn einmal das Aufgabenblatt lediglich vermerken sollte: „Es ist eine Exegese anzufertigen." Häufig beschreitet der Aufgabensteller einen Mittelweg, indem er fordert, daß der Bearbeiter eine exegetische Auseinandersetzung unter Hervorhebung bestimmter Gesichtspunkte leiste. Ähnlich ist es, wenn verlangt wird, die vorgelegten Texte unter besonderer Beachtung aufgezählter Punkte zu analysieren und zu interpretieren sowie dazu den Vergleich mit dem geltenden Recht herzustellen.

Schließlich ist zu bemerken, daß Aufgabenstellungen häufig geworden sind, in denen (mit oder ohne Auffächerung von Teilgesichtspunkten des rechtlichen Problemfeldes in Einzelfragen) die Schritte „Interpretation" und „Vergleich mit geltendem Recht" ineinander verschränkt werden. Gelegentlich wird sogar die Textidentifikation in eine kombinierte Fragestellung einbezogen. Dem Bearbeiter steht es hier aber selbstverständlich frei, die Fragestellung aufzugliedern und die Bearbeitungsschritte voneinander zu trennen. Die Trennung empfiehlt sich vor allem dann, wenn die einzelnen inhaltlichen Gesichtspunkte im römischen Recht einerseits und im heute geltenden Recht andererseits in stark unterschiedlichen Zusammenhängen stehen.

V. Übersetzungshilfe

Eine wichtige Hilfestellung zur Texterschließung ist ebenfalls üblich geworden: Der Bearbeiter wird zu dem lateinischen (und in manchen Fällen altgriechischen) Text jedenfalls in der Aufsichtsarbeit stets einen Übersetzungsvorschlag des Aufgabenstellers vorfinden. Entsprechendes gilt für weitere Textauszüge (bald aus dem römischen Recht, bald aus älteren Rechten, bald aus jüngeren Rechten), die der Aufgabensteller in die Fragen einflicht. Dies dient der Erleichterung des Zugangs zum Quellentext und gewinnt Zeit für die inhaltliche Betrachtung. Auf diese Weise kann die Auseinandersetzung mit der Quelle auch von Bearbeitern geleistet werden, die der fremden Sprache nicht mächtig sind. Freilich birgt jede Übersetzung schon Probleme der Interpretation in sich und greift damit der inhaltlichen Auseinandersetzung ein wenig vor. Eine vom Aufgabensteller mitgegebene Übersetzung aus eigener oder fremder Feder bindet deshalb den Bearbeiter nicht (es sei denn, der Aufgabensteller hätte ausdrücklich Verbindlichkeit vermerkt). Dem Bearbeiter wird es indessen nicht unlieb sein, durch einen vom Aufgabensteller selbst gefertigten Übersetzungsvorschlag etwas über das Verständnis des Aufgabenstellers von der Bedeutung des Textes zu erfahren oder im Falle der Beigabe einer fremden Übersetzung zumindest erkennen zu können, welches Textverständnis der Aufgabensteller als geläufig ansieht.

In der Hausarbeit kann es freilich vorkommen, daß die Quelle allein in der Originalsprache angegeben ist. Der Aufgabensteller erwartet dann, daß der Bearbeiter mit Hilfe leicht zugänglicher gedruckter Übersetzungen selbst die Texterschließung vornimmt. Wenn eine Übersetzung indessen nur schwer zugänglich ist oder überhaupt nicht publiziert vorliegt, wird der Aufgabensteller wie bei der Klausur gewiß einen Übersetzungsvorschlag beigeben.

B. Beispiel für eine Exegese:
Fragmente aus dem 44. Buch der Digesten

Die beispielhaft zu betrachtenden Fragmente[6] lauten:

(Überschrift zu Digesta, liber 44 titulus 7)
DE OBLIGATIONIBUS ET ACTIONIBUS

(Digesta 44.7.1.principium bis 44.7.1.2)
GAIUS libro secundo aureorum: (pr) Obligationes aut ex contractu nascuntur aut ex maleficio aut proprio quodam iure ex variis causarum figuris. (1) Obligationes ex contractu aut re contrahuntur aut verbis aut consensu. (2) Re contrahitur obligatio mutui datione; mutui autem datio consistit in his rebus, quae pondere numero mensurave constant, veluti vino oleo frumento pecunia numerata, quae res in hoc damus, ut fiant accipientis, postea alias recepturi eiusdem generis et qualitatis.

(Digesta 44.7.1.7)
Verbis obligatio contrahitur ex interrogatione et responsu, cum quid dari fierive nobis stipulemur.

(Digesta 44.7.2)
Idem (also wiederum: GAIUS) libro tertio institutionum: (pr) Consensu fiunt obligationes in emptionibus venditionibus, locationibus conductionibus, societatibus, mandatis. (1) Ideo autem istis modis consensu dicimus obligationem contrahi, quia neque verborum neque scripturae ulla proprietas desideratur, sed sufficit eos, qui negotia gerunt, consentire. (2) Unde inter absentes quoque talia negotia contrahuntur, veluti per epistulam vel per nuntium. (3) Item in his contractibus alter alteri obligatur de eo, quod alterum alteri ex bono et aequo praestare oportet.

(Digesta 44.7.4)
GAIUS libro tertio aureorum: Ex maleficio nascuntur obligationes, veluti ex furto, ex damno, ex rapina, ex iniuria; quae omnia unius generis sunt: nam hae re tantum consistunt, id est ipso maleficio, cum alioquin ex contractu obligationes non tantum re consistant, sed etiam verbis et consensu.

---

[6] Zugrundegelegt ist die üblicherweise benutzte kleine Ausgabe des *corpus iuris civilis* von *Paul Krüger* und *Theodor Mommsen* (Corpus iuris civilis, Volumen primum: Institutiones, Recognovit *Paulus Krueger*. Digesta, Recognovit *Theodorus Mommsen*, Retractavit *Paulus Krueger*, 21. Aufl., Dublin/Zürich, 1970, fortlaufend nachgedruckt).

I. Identifikation der Texte

Entnommen sind die Texte den Digesten, auch Pandekten genannt[7]. Dort sind sie mit Auszügen aus über 200 juristischen Werken von 38 Autoren mit insgesamt beinahe 2.000 Abhandlungen zu einer Kompilation verbunden. Diese Zusammenstellung publizierte der oströmische Kaiser *Justinian* am 16. Dezember des Jahres 533 n. Chr. als Gesetz.[8] Sie ist das Hauptstück seiner Kodifikation, für die seit dem Mittelalter die Bezeichnung *corpus iuris civilis* (im Unterschied zum *corpus iuris canonici*) gebräuchlich wurde und die das Rechtsleben Europas bis auf den heutigen Tag bestimmt.

Die Inskriptionen weisen die Auszüge als von dem klassischen Juristen *Gaius*[9], tätig in der Mitte des zweiten nachchristlichen Jahrhunderts, stammend aus. Gaius erscheint in der zu den Digesten geführten Liste zitierter Autoren[10] an zwanzigster Stelle. Er ist dort mit 13 Werken vertreten. Die hier zitierten Stellen stammen aus seinem Anfängerlehrbuch „Institutiones"[11] und aus seinem weiteren Elementar-Lehrbuch „Aurea"[12].

---

[7] Zu Entstehung und Überlieferung der Digesten siehe *Jens Peter Meincke*, Die Florentina, JuS 1990, 513 ff.

[8] Siehe zur Konzeption der Digesten *Justinians* Konstitution „Deo auctore" vom 15. Dezember 530 (Codex Iustinianus 1.17.1), zur Ausarbeitung und Publikation der Digesten *Justinians* Konstitution „Tanta" vom 16. Dezember 533 (C.1.17.2).

[9] Zu seiner Person *Wolfgang Kunkel*, Die römischen Juristen. Herkunft und soziale Stellung, 2. Aufl. Graz/Wien/Köln, 1967, Nachdruck Köln/Weimar/Wien, 2001, S. 186 ff.

[10] Der teils griechisch, teils lateinisch aufgesetzte *index auctorum* in der Ausgabe *Krüger/Mommsen* auf S. 25 ff. Zuordnung aller ausgewerteten Werke zu ihrer Verwendung in den Digesten durch *Krüger* auf S. 932 ff. und 950 ff.

[11] Institutionum libri quattuor (im *index auctorum* griechisch als: *instituton biblia tessara*) Also „Vier Bücher Einweisungen". Zu dem Werk *Hein L. W. Nelson/Martin David*, Überlieferung, Aufbau und Stil von Gai institutiones, Leiden, 1981; *Ulrich Manthe* (Herausgeber), Gaius. Institutiones. Die Institutionen des Gaius. Herausgegeben, übersetzt und kommentiert, 2. Aufl., Darmstadt, 2010, S. 11 ff.; *Leopold Wenger*, Die Quellen des römischen Rechts, Wien, 1953, S. 506 ff. Große Teile des Lehrbuches entdeckte *Barthold Georg Niebuhr* zu Anfang des 19. Jahrhunderts in Verona wieder. Der Text ist in Verbindung mit weiteren Funden nahezu vollständig rekonstruiert. Eine häufig benutzte Ausgabe ist: *Martin David* (Herausgeber), Gai institutiones, Leiden, 1964. Übertragungen ins Deutsche zum Beispiel von *Lieselot Huchthausen*, in: *Lieselot Huchthausen/Gottfried Härtel*, Römisches Recht. Ausgewählt, aus dem Lateinischen übersetzt, eingeleitet und kommentiert, 4. Aufl., Berlin/Weimar, 1991, S. 9 ff.; *Ulrich Manthe* (wie zuvor angegeben). Das Zitat D.44.7.2 entspricht ungefähr *Gaius*, Institutiones, 3.135 bis 3.137.

[12] Rerum cottidianarum sive aureorum libri septem (im *index auctorum* griechisch als: *aureon*

Die gaianischen Institutionen waren Vorbild für das von *Justinian* im November 533 erlassene amtliche Lehrbuch *Institutiones*. Über redaktionelle Eingriffe in die ursprünglichen Texte, sogenannte Interpolationen, welche Justinians Bearbeiterstab sich bei Zusammenstellung der Digesten erlaubte, sind ohne weitere Hilfsmittel keine Ausführungen zu machen.

II. Erfassen der Texte

(Überschrift zu D.44.7)
Über Schuldverhältnisse und Klagansprüche

(D.44.7.1.pr bis D.44.7.1.2)
GAIUS im zweiten Buch „Goldenes": (pr) Schuldverhältnisse (Verbindlichkeiten) entstehen entweder aus Vertrag oder aus Delikt (Missetat) oder nach gewissem eigenartigen Recht aus verschiedenen Tatbeständen (Ausbildungen von Gründen). (1) Schuldverhältnisse aus Vertrag werden entweder durch Vorfall (Vorgang, Tätigkeit, Ding, Angelegenheit, Handhabung: *res*) eingegangen oder durch Worte oder durch Einverständnis. (2) Durch Vorfall wird das Schuldverhältnis bei einer Darlehensvergabe eingegangen; die Darlehensvergabe aber gibt es bei den Dingen, die nach Gewicht, Anzahl oder Maß feststehen, wie etwa bei Wein, Öl, Getreide, abgezähltem Geld; welche Dinge wir dazu weggeben, daß sie dem Übernehmer zu eigen werden und wir später andere von derselben Gattung und Beschaffenheit zurückerwerben.

(D.44.7.1.7)
Durch Worte wird das Schuldverhältnis in Frage und Antwort abgeschlossen, wenn wir verabreden (stipulieren), daß uns etwas gegeben werden oder geschehen soll.

(D.44.7.2)
Derselbe (das heißt GAIUS) im dritten Buch „Einweisungen": (pr) Durch Einverständnis entstehen Schuldverhältnisse bei Käufen, Mieten, Gesellschaften, Aufträgen. (1) Wir sprechen aber deswegen davon, daß in diesen Fällen das Schuldverhältnis durch Einverständnis eingegangen wird, weil keinerlei besondere Worte oder Schriften verlangt werden, sondern es genügt, daß diejenigen, die ein Geschäft tätigen, übereinkommen. (2) Daher werden solche Geschäfte auch unter Abwesenden abgeschlossen, zum Beispiel durch Brief oder durch Boten. (3) Desgleichen wird in diesen Verträgen der eine

---

biblia hepta). Also „Sieben Bücher über tägliche Dinge (über Themen, mit denen man sich als junger Jurist täglich auseinandersetzen sollte) oder über Goldenes (über wertvolles Wissen)". Zu diesem Werk *Nelson/David* (wie zuvor), S. 294 ff.

dem anderen auf das verbunden, was nach Güte und Billigkeit der eine dem anderen zu leisten hat.

(D.44.7.4)

GAIUS im dritten Buch „Goldenes": Aus Delikt (Missetat) entstehen Schuldverhältnisse, zum Beispiel aus Diebstahl, aus Beschädigung, aus Raub, aus Persönlichkeitsverletzung (Injurie, *iniuria*); was alles von einer Gattung ist: denn diese bestehen bloß in einem Vorfall (*res*), das heißt in der Missetat selbst, während ansonsten die Schuldverhältnisse aus Vertrag nicht bloß bei einem Vorfall entstehen, sondern auch mit Worten und durch Einverständnis.

III. Interpretation der Texte

1. Die mitgeteilte Titelüberschrift zeigt bereits, daß die Fragmente auf eine generelle Darstellung auf höchstem Abstraktionsniveau, auf die Vermittlung von Grundbausteinen zielen[13]. Es geht um grundlegende Kennzeichnungen von Verbindlichkeiten und daraus erwachsenden Klagansprüchen. Konkrete Aufzählungen (D.44.7.2.pr) und eine Beschreibung des Darlehensgeschäfts (D.44.7.1.2), dienen beispielhafter Veranschaulichung, nicht der eigentlichen Vermittlung der besonderen Lehren zu den genannten Geschäften. Vielmehr sind die Einzelheiten zu den Rechtsgeschäften in je gesonderten Titeln zu suchen[14], was freilich nicht ausschließt, daß mancher Gedanke im *corpus iuris civilis* mehrfach auftritt[15], gelegentlich sogar mit demselben Textausschnitt.

2. Auf der obersten Gliederungsebene steht der Begriff des Schuldverhältnisses, bildhaft ausgedrückt durch das Wort *obligatio*, das heißt Verbindlichkeit[16]. Hinter dieser Wortwahl steht die Vorstellung, daß zwischen den (mindestens)

---

[13] Ähnlich C.4.10, ebenfalls mit der Überschrift *De obligationibus et actionibus*. Siehe ferner Institutiones Iustiniani 3.13 (*De obligationibus*) und I.4.6 (*De actionibus*).

[14] Zum Beispiel für das Darlehen D.12.1 (*De rebus creditis si certum petetur et de condictione*); für den Kauf D.18.1 (*De contrahenda emptione* usw.) und D.19.1 (*De actionibus empti venditi*); für die Miete D.19.2 (*Locati conducti*).

[15] Zum Beispiel Einstufung von Kauf und Miete als Konsensualverträge sowohl in D.44.7.2.pr als auch in D.19.2.1

[16] Etwas umständliche Rechtfertigung der Verdeutschung von *obligatio* mit „Verbindlichkeit" von *Carl Friedrich Ferdinand Sintenis*, in: *Carl Eduard Otto / Bruno Schilling / Carl Friedrich Ferdinand Sintenis* (Hrsg.), Das Corpus Juris Civilis in's Deutsche übersetzt von einem Vereine Rechtsgelehrter, Vierter Band, Leipzig, 1832, S. 572 f.

zwei Personen ein Band (*ligamentum*), gewissermaßen eine rechtliche Fesselung[17] bestehe. Die Verbindung entsteht, so wird nun auf der zweiten Ebene differenziert, vor allem auf zwei Arten, nämlich durch Vertrag oder durch unerlaubte Handlung, und eine dritte Art sind die sonstigen Begründungen (D.44.7.1.pr)[18].

3. Die auf der zweiten Ebene zusammengestellten drei Arten von Schuldverhältnissen vereinigen nicht nur aufzählend je Gleiches unter sich. Vielmehr stellen sie neue Gattungsbegriffe dar: Auf einer dritten Ebene sind die vertraglichen Schuldverhältnisse gegliedert in Realobligationen, Verbalobligationen und Konsensualobligationen (D.44.7.1.1)[19]. Die deliktischen Schuldverhältnisse lassen sich aufteilen in die beispielhaft aufgeführten Tatbestände Diebstahl[20], Beschädigung[21], Raub[22] und Persönlichkeitsverletzung[23] (D.44.7.4)[24], was sich nicht als abschließende Auffächerung versteht (man kann also mutmaßlich noch weitere Elemente aufzählen). Zur Gruppe der sonstigen Verbindlichkeiten machen die Textauszüge keine weiteren Angaben. Wollte man dem an anderen Stellen nachgehen, wäre etwa herauszufinden, ob hierunter die Geschäftsführung (*negotiorum gestio*) fällt oder die Rückforderung nach Bereicherung aus rechtsgrundloser Zuwendung (*condictio*)[25].

4. Die auf der dritten Ebene gesammelten Arten von Obligationen sind nicht sämtlich ihrerseits neue Gattungsbegriffe für eine vierte Ebene. Zwar bilden

---

[17]   I.3.13.pr: *iuris vinculum.*

[18]   Vier Elemente (*species*) zählt I.3.13.2: Vertrag, Quasi-Vertrag (näher I.3.27), Delikt (*maleficium*), Quasi-Delikt (näher I.4.5). Auf zwei *species* komprimiert Gaius, Institutiones, 3.88: Vertrag, Delikt (*delictum*).

[19]   Eine weitere Gruppe hatten die Litteralobligationen dargestellt, entstehend aus dem Eintrag ins Hausbuch; siehe I.3.13.2; Gaius, Institutiones, 3.89. Jedoch bezeichnet I.3.21 sie als nicht mehr gebräuchlich.

[20]   Näher I.4.1.1 ff., D.47.2 (*De furtis*).

[21]   Näher I.4.3 (*De lege Aquilia*).

[22]   Näher I.4.2 (*Vi bonorum raptorum*); D.47.8 (*Vi bonorum raptorum et de turba*); C.9.33 (*Vi bonorum raptorum*).

[23]   Näher I.4.4 (*De iniuriis*); D.47.10 (*De iniuriis et famosis libellis*); C.9.35 (*De iniuriis*).

[24]   Siehe auch I.4.1.pr; Gaius, Institutiones, 3.182. Ferner D.47.1 (*De privatis delictis*).

[25]   Wobei zu beachten wäre, daß der sehr vielfältige Begriff der Kondition im römischen Recht auch den vertraglichen Bereich oder den deliktischen treffen kann. Siehe Rückforderung einer Darlehenssumme mittels *actio certae creditae pecuniae* (*condictio certi*) in D.12.1.9.pr und 4; Herausverlangen des Diebesgutes mit *condictio ex causa furtiva* bei D.12.1.9.1. und D.13.1.

die Verträge aus Vorfall, aus Worten oder aus Konsens (D.44.7.4) je verschiedene Gattungen. Ob aber die einzeln benannten Delikte als Ausgangspunkte weiterer Unterteilung verwendet werden können, erscheint zumindest als zweifelhaft. Ausdrücklich heißt es: Die aufgezählten Delikte sind allesamt von einer Gattung (eben mit dem Oberbegriff „Missetat" oder „Delikt"), weil bei ihnen die Verbindlichkeiten immer aus einem Vorfall (*re*) entstehen (D.44.7.4)[26]. Sie haben jedenfalls innerhalb des vorliegenden Gedankengangs keine weitere Untergliederung, sondern sind in ihrer Auffächerung allein Artbegriffe. Das schließt nicht gänzlich aus, daß in anderen gedanklichen Zusammenhängen aus einem Delikt ein Gattungsbegriff wird, unter dem dann verschiedene Begehungsweisen und Umstände ausgebreitet werden. Doch spielt das offenbar für die hier anstehende Ordnung der Obligationen keine Rolle. Den in drei Varianten (also nicht allein aus Vorfall) erscheinenden Verträgen hingegen sind bereits in den vorliegenden Quellenabschnitten auf vierter Ebene verschiedene Arten von Geschäften zugeordnet:

Als Realvertrag erscheint die Darlehensvergabe (D.44.7.1.2)[27]. Zu den Verbalkontrakten ist den vorliegenden Auszügen zumindest die Einteilung in Verträge über Gaben (*dari*) und Verträge über Geschehen (*fieri*) zu entnehmen (D.44.7.1.7)[28]. Unter den Konsensualverträgen werden Kauf, Miete, Gesellschaft und Auftrag genannt (D.44.7.2.pr)[29]. Ob alle diese Nennungen jeweils abschließend sind, läßt sich ohne weiteres Quellenstudium nicht sagen. Für den Konsensualvertrag deutet allerdings die Wendung „in diesen Fällen" (*istis modis*) bei D.44.7.2.1[30] auf Vollständigkeit hin. Beim Verbalkontrakt dürfte kaum ein Vertragsinhalt nicht mit „Gabe" oder „Geschehen" faßlich sein. Vielmehr scheinen diese beiden Fälle ihrerseits Gattungsbegriffe zu einer fünften Gliederungsebene darzustellen. Die genauen Formulierungen des im Verbalkontrakt erforderlichen Wortwechsels – zum Beispiel mit der Frage „Versprichst du …?" („*... spondes?*") und der Antwort „Ich verspreche es." („*Spondeo.*") – sind nicht innerhalb dieser generellen Ausführungen, sondern anderwärts zu suchen[31]. Erst auf einer fünften Ebene wären Arten von Stipulationen betreffend „Geben" oder betreffend „Geschehen" (wenn man diese Zweiteilung auf der vierten Ebene vornahm) aufzufächern.

Schließlich ist zu erwarten, daß manches Geschäft sich auf mehrere der drei Weisen abschließen läßt. Was ich durch Einverständnis ohne bestimmte

---

[26] Siehe auch I.4.1.pr.; *Gaius*, Institutiones, 3.182.
[27] Siehe auch I.3.14.pr; *Gaius*, Institutiones, 3.90.
[28] Desgleichen I.3.15.pr.
[29] Ebenso I.3.22.pr; *Gaius*, Institutiones, 3.135.
[30] Sowie I.3.22.1; *Gaius*, Institutiones, 3.136.
[31] Siehe D.45.1 (*De verborum obligationibus*); I.3.15.1; *Gaius*, Institutiones, 3.92.

Förmlichkeiten an Gesprochenem oder Geschriebenem (D.44.7.2.1)[32] und daher auch auf Distanz (D.44.7.2.2)[33] zum Vertrag erheben kann, ist vermutlich auch durch förmliches Geschäft, also mittels Stipulation regelbar (dann freilich nur unter Anwesenden). Auch diese Frage ist indessen nicht allein mit Hilfe der vorliegenden Auszüge zu klären.

5. Insgesamt entsteht ein begriffslogisches Gebäude, das in antiker philosophischer Tradition Abstraktion aus Ordnung des Konkreten gewinnt. Die höheren Begriffe sind darum nicht beliebig benutzbare Rechtsinstitute, sondern nur Verständnishilfe im allgemeinen und Entscheidungshilfe bei der Beurteilung von literarisch-fiktiv oder in einem Rechtsstreit aufgeworfenen Rechtsfragen im besonderen. Vor allem darf der Leser sich nicht zu dem Schluß verleiten lassen, dem abstrakten Begriff des Vertrages (*contractus*) entspreche die Möglichkeit, beliebige Verträge abzuschließen. Der Abschluß eines gültigen Vertrages setzt die Einpassung der Absprache in einen überlieferten Vorrat anerkannter Vertragsinhalte voraus. Nur behutsam hatte sich dieser Bestand durch die Rechtsprechung, unter der klagenanerkennenden Tätigkeit des Prätors, fortentwickelt. Die Vorstellung eines im Rechtsleben einsetzbaren Vertrages an sich, eines *pactum nudum*, war dem antiken römischen Recht fremd geblieben.[34] Das einzelne Schuldverhältnis ist an vorgeprägte Typen gekoppelt.

Für das Geschäftsleben müssen sich daraus allerdings nicht notwendig ernste Hemmnisse ergeben haben. Wenn Typen genügend weit zugeschnitten sind und der Bestand an nach und nach zugelassenen Neuerungen hinreichend groß ist, besteht praktisch völlige Vertragsfreiheit. Bei der Stipulation kommt es hauptsächlich darauf an, einen korrekten Wortwechsel zu vollführen, und nicht darauf, worüber der Wortwechsel geschieht. „Geben" und

---

[32] Siehe auch I.3.22.1; *Gaius*, Institutiones, 3.136.

[33] Siehe auch I.3.22.2; *Gaius*, Institutiones 3.136. Die Einschaltung eines Boten ist nicht mit Stellvertretung zu verwechseln. Stellvertretung war im römischen Recht nicht als allgemeines Instrument entwickelt.

[34] Hingegen hielt das mittelalterliche kanonische Recht jeden Vertrag, auch das nicht typgerechte *pactum nudum* für verbindlich. Siehe Liber extra 1.35.1: *Dixerunt universi: Pax servetur, pacta custodiantur.* Alle Welt sagt: Friede wahre man, Verträge achte man. Ausgabe des Liber extra (Decretales Gregorii IX.; aus dem Jahre 1234) in: *Aemilius Ludonicus Richterus/ Aemilius Friedberg* (Herausgeber), Corpus Iuris Canonici, Pars Secunda: Decretalium Collectiones, Graz, 1959, Spalten 1 ff. Vom kanonischen Recht aus durchdrang die Annahme einer Verbindlichkeit jeglicher Absprache im Laufe der Neuzeit auch das gemeine Recht; siehe *Klaus-Peter Nanz*, Die Entstehung des allgemeinen Vertragsbegriffs im 16. bis 18. Jahrhundert, München, 1985.

„Geschehen" (*dari fierive* in D.44.7.1.7[35]) sind universell einsetzbare Inhalte. Dieselbe Offenheit begegnet beim Konsensualvertrag, wo letztlich die Inhaltsbestimmung nach Güte und Billigkeit (*ex bono et aequo* in D.44.7.2.3[36]) erfolgt, das heißt nach Treu und Glauben (*ex bona fide*[37]).

IV. Vergleich mit dem heutigen deutschen bürgerlichen Recht

1. Das heutige Schuldrecht ist von einem System durchdrungen, das größte Ähnlichkeit mit der römischen Ordnung aufweist. Auf derselben Abstraktionshöhe wie der Begriff *obligatio* in D.44.7.1.pr steht der Begriff des Schuldverhältnisses als der Befugnis, eine Leistung anzufordern, in § 241 Abs. 1 Satz 1 BGB. § 241 BGB verzichtet nun allerdings darauf, lehrhaft die nächste Gliederungsebene unter dem Gesichtspunkt der Entstehung des Schuldverhältnisses auszufüllen. Der Leser erfährt lediglich, daß geschuldete Leistung sowohl Tun als auch Unterlassen sein kann (§ 241 Abs. 1 Satz 2 BGB) und daß ein Schuldverhältnis zur Rücksichtnahme verpflichten kann, ohne daß dies nachgerade als Hauptpflicht im Mittelpunkt des Schuldverhältnis stehen müßte (§ 241 Abs. 2 BGB).

2. Die Frage nach der Entstehung von Schuldverhältnissen führt unmittelbar zu anderen, die einzelnen Schuldverhältnisse regelnden Stellen des Bürgerlichen Gesetzbuches (und anderer Gesetze). Dabei entdeckt man rechtsgeschäftliche Verbindlichkeiten (zum Beispiel Kauf nach §§ 433 ff. BGB, Miete nach §§ 535 ff. BGB), deliktische Verbindlichkeiten (zum Beispiel aus Verletzung eines Rechtsgutes nach § 823 Abs. 1 BGB oder aus Halten eines Kraftfahrzeuges nach § 7 Abs. 1 StVG) und sonstige Verbindlichkeiten (zum Beispiel aus Geschäftskontakt vor einem Vertrag nach § 311 Abs. 2 BGB, aus Geschäftsführung ohne Auftrag nach §§ 677 ff. BGB oder aus rechtsgrundloser Zuwendung nach § 812 Abs. 1 Satz 1 Fall 1 BGB). Üblicherweise nimmt man heute allerdings auf der ersten Gliederungsstufe unterhalb des Begriffs der Schuldverhältnisse keine Dreiteilung, sondern eine Zweiteilung vor. Dann stehen den rechtsgeschäftlichen die gesetzlichen Schuldverhältnisse gegenüber. Letztere kann man im nächsten Schritt ihrerseits entweder in deliktische und sonstige einteilen, um anschließend die sonstigen gesetzlichen Verbindlichkeiten aufzufächern; oder man wird direkt unterhalb der Kategorie der

---

[35] Siehe auch I.3.15.pr.
[36] Siehe auch I.3.22.3; *Gaius*, Institutiones 3.137.
[37] Siehe zum Beispiel betreffend Kauf D.19.1.1.1.

gesetzlichen Schuldverhältnisse alle Fälle (einzeln oder in ihrerseits teilbaren Gruppen) aufführen. Ob man Schuldverhältnisse aus Anbahnung oder Auflösung einer rechtsgeschäftlichen Verbindlichkeit schon oder noch den rechtsgeschäftlichen Schuldverhältnissen oder aber den sonstigen Schuldverhältnissen zurechnen muß, mag hier dahinstehen.

3. Auf dritter Ordnungsebene lassen sich die rechtsgeschäftlichen Verbindlichkeiten in solche aus Vertrag und solche aus anderem Rechtsgeschäft unterteilen (mit oder ohne Einbeziehung der Anbahnung oder Auflösung, wie zuvor erwähnt). Diese Einteilung ist § 311 Abs. 1 BGB abzulesen, wo der Vertrag als der Regelfall, die sonstige Begründung eines Schuldverhältnisses aus Rechtsgeschäft als Ausnahme erscheint. Zu den Ausnahmen zählen beispielsweise die einseitigen Rechtsgeschäfte der Auslobung (§ 657 BGB) oder des testamentarischen Vermächtnisses (§§ 1939, 2147 ff. BGB).

Eine weitere Differenzierung, entweder noch auf derselben Ebene oder auf nächsttieferer Ebene unterhalb des Gattungsbegriffes „Verträge", scheint auch heute noch diejenige zwischen Konsensualvertrag und Realvertrag sein zu können. In den allermeisten Fällen genügt unstreitig der Vertragschluß (§§ 145 ff. BGB), um das vertragliche Schuldverhältnis zu erzeugen. Nicht etwa liegt beispielsweise ein Kauf erst dann vor, wenn die gewünschte Ware geliefert und bezahlt ist. Es ist geradezu Wesen von Schuldverhältnissen, daß sie sich in die Zukunft richten, ein Soll jenseits des Ist aufbauen. Mit der Übereinkunft ist das Geschäft abgeschlossen. Die Schuldverträge heutigen Rechts sind prinzipiell Konsensualverträge.

Manchmal aber scheint doch ein Vollzugselement erforderlich zu sein, ohne das der Vertrag noch keine Rechtswirksamkeit entfaltet. So gilt die sogenannte Handschenkung erst mit ihrer Ausführung (§ 518 Abs. 2 BGB), der mündliche Grundstücksverkauf erst mit Auflassung und Eintragung ins Grundbuch (§ 311b Abs. 1 Satz 2 BGB). Indessen handelt es sich bei der Handschenkung nicht um ein anderes Geschäft als bei der gemäß § 518 Abs. 1 Satz 1 BGB notariell beurkundeten Schenkung, beim mündlichen Grundstücksverkauf nicht um ein anderes Geschäft als beim gemäß § 311b Abs. 1 Satz 1 BGB notariell beurkundeten. Vielmehr geht es hierbei um eine wiederum andere (auf der dritten Ebene oder darunter geschehende) Einteilung der Rechtsgeschäfte oder der Verträge, nämlich in formbedürftige einerseits und formfreie andererseits.

Das Darlehensgeschäft wird jedenfalls heute nicht mehr als Muster eines Realvertrages gelten können. Bis zur Schuldrechtsmodernisierung (das heißt: vor dem 1. Januar 2002) war zwar nicht sicher, ob nicht der Darlehensvertrag (Geld und vertretbare Sachen gleichermaßen betreffend) ein Realvertrag sei.

Darauf schien zu deuten, daß § 607 Abs. 1 BGB alter Fassung die Erstattungspflicht an den Empfang des Geldes beziehungsweise der vertretbaren Sache anknüpfte. Das Darlehensversprechen wäre dann nur Vorbereitung des Darlehensvertrages gewesen. Ebensogut ließ sich aber schon damals der Empfang als weiteres Tatbestandsmerkmal jenseits des Vertragsschlusses auffassen, so wie man es beispielsweise auch mit der Fälligkeit tut. Die Neufassung von § 488 Abs. 1 BGB (Gelddarlehen) und von § 607 Abs. 1 BGB (Sachdarlehen) zum 1. Januar 2002 enthebt dieses Problems, da ausdrücklich schon die Hingabe des Geldes oder der Sache als Leistung aus dem Vertrag bezeichnet ist. Das Schuldverhältnis existiert also schon vor dem Vollzug.

Nicht fern liegt es allerdings, im Zusammenhang mit der Geschäftsfähigkeit ein Feld für den Realvertrag zu erkennen. Hierfür bieten sich die Taschengeldgeschäfte nach § 110 BGB und die Alltagsgeschäfte des Geschäftsunfähigen nach § 105a Satz 1 BGB an. In beiden Fällen bezieht das Schuldverhältnis seine Wirksamkeit aus seinem Vollzug. Freilich ist damit nicht ein bestimmter Typ von Geschäften anderen Typen gegenüber hervorgehoben, sondern wie oben in der Formfrage kann im Grundsatz jeder Geschäftstyp bei Defiziten in der Geschäftsfähigkeit vom Konsensgeschäft zum Realvertrag werden. Auch handelt es sich dann nicht eigentlich um eine Einteilung der Obligationen nach der Art ihres Zustandekommens, so wie das römische Recht die Differenzierung nach der Art des Zustandekommens vor die Differenzierung nach dem Inhalt des Vertrages stellte. Vielmehr handelt es sich mehr um eine Einteilung der an ihnen beteiligten Personen nach ihrer Handlungsmacht. Man sieht hier, wie schon früher, daß Begriffsabstufungen oft keine ausschließlichen sind; die Stoffe lassen sich gleichzeitig nach verschiedenen Kriterien ordnen.

4. Alles in allem dürfte die Unterscheidung zwischen Konsensualverträgen und Realverträgen im heutigen Recht nicht mehr durchzuhalten sein. Wohl aber lebt die Unterscheidung zwischen *consensu contrahere* und *verbis contrahere* in der Unterscheidung zwischen formfreien und formbedürftigen Geschäften fort. Diese Unterscheidung trifft das Gesetz wiederum nicht in einer eigenen doktrinellen Vorschrift, sondern es regelt von Mal zu Mal, ob ein Geschäft einer bestimmten Form unterfällt oder nicht. Die allgemeinen Vorschriften über Wahrung der Form (§§ 125 bis 129 BGB) setzen voraus, daß anderwärts für ein bestimmtes Geschäft eine bestimmte Form des Konsenses vorgesehen ist. Außerdem kennt auch das heutige Recht, neben zahlreichen Formerfordernissen überhaupt, in einigen Geschäften das Erfordernis, ganz bestimmte Worte zu gebrauchen. Dies begegnet im Bereich der Verbrauchergeschäfte, die mit gewissen Angaben ausgestattet sein müssen, wie es zum Bei-

spiel für Darlehensverträge in § 492 Abs. 1, Abs. 2 BGB oder für Teilzeit-
wohnrechteverträge in § 484 Abs. 1 Satz 5 BGB vorgesehen ist. Ferner kann
der Abschluß des Geschäfts auf Distanz eine eigene Kategorie ausmachen –
und zwar ebenfalls dann, wenn es ein Verbrauchergeschäft ist. Es ist das
Fernabsatzgeschäft nach §§ 312b bis 312e BGB.

5. Schließlich besteht Einigkeit darüber, daß das Fehlen von Grenzen in §§
241 Abs. 1, 311 Abs. 1 BGB zumindest im Lichte der allgemeinen Hand-
lungsfreiheit (Art. 2 Abs. 1 GG) als gesetzliche Bereitstellung gänzlicher Frei-
heit in der Wahl von Vertragsinhalten zu verstehen ist. Die Parteien bestimmen nach ihrem Gutdünken den Gegenstand schuldrechtlicher Verträge – im
Gegensatz zum beschränkten Vorrat sachenrechtlicher Positionen. Sollten
zwischen den Parteien Meinungsverschiedenheiten auftreten, wird auch im
Nachhinein möglichst die Vorstellung der Parteien (§ 133 BGB) zu ermitteln
und im übrigen das Leistungsbild nach Treu und Glauben mit Rücksicht auf
die Verkehrssitte (§§ 157, 242 BGB) zu bestimmen sein.

Hinweise auf einige Ausgaben römischer Rechtstexte

1. Corpus iuris civilis:

Okko Behrends/Rolf Knütel/Berthold Kupisch/Hans Hermann Seiler, Corpus Iuris Civilis. Text und Übersetzung, I. Institutionen, 2. Aufl., Heidelberg (Müller), 1999; II. Digesten 1-10, Heidelberg (Müller), 1995; III. Digesten 11-20, Heidelberg (Müller), 1999; IV. Digesten 21-27, Heidelberg (Müller), 2005

Theodor Mommsen/Paul Krüger/Rudolf Schöll/Wilhelm Kroll, Corpus Iuris Civilis, Volumen Primum. Institutiones, Digesta, 21. Aufl., Dublin/Zürich (Weidmann), 1970 (fortlaufend neu aufgelegt); Volumen secundum. Codex Iustinianus, 15. Aufl., Dublin/Zürich (Weidmann), 1970 (fortlaufend neu aufgelegt); Volumen tertium. Novellae, 10. Aufl., Dublin/Zürich (Weidmann), 1972 (fortlaufend neu aufgelegt)

Carl Eduard Otto/Bruno Schilling/Carl Friedrich Ferdinand Sintenis, Das Corpus Juris Civilis in's Deutsche übersetzt von einem Vereine Rechtsgelehrter, Erster Band, Leipzig (Focke), 1830, bis Siebenter Band, Leipzig (Focke), 1833

2. Zwölftafeln:

Rudolf Düll, Das Zwölftafelgesetz. Texte, Übersetzungen und Erläuterungen, 7. Aufl., Zürich (Artemis und Winkler), 1995

Dieter Flach/Andreas Flach, Das Zwölftafelgesetz. Leges VII Tabularum. Herausgegeben, übersetzt und kommentiert, Darmstadt (Wissenschaftliche Buchgesellschaft), 2004

3. Prätorisches Edikt:

Otto Lenel, Das Edictum Perpetuum. Ein Versuch zu seiner Wiederherstellung, 3. Aufl., Leipzig (Tauchnitz), 1927, Nachdruck Aalen (Scientia), 1956

4. Institutionen des Gaius:

Martin David, Gai Institutiones Secundum Codicis Veronensis Apographum Studemundianum Et Reliquias In Aegypto Repertas. Editio minor, Leiden (Brill), 1964

Joseph Lammeyer, Die Institutionen des Gaius, Paderborn (Schöningh), 1929

Ulrich Manthe, Gaius. Institutiones. Die Institutionen des Gaius. Herausgegeben, übersetzt und kommentiert, 2. Aufl., Darmstadt (Wissenschaftliche Buchgesellschaft), 2010

5. Codex Theodosianus:

Theodor Mommsen/Paul Meyer, Theodosiani Libri XVI. Cum Constitutionibus Sirmondianis Et Leges Novellae Ad Theodosianum Pertinentes, Voluminis I Pars Prior. Prolegomena, 4. Aufl., Dublin/Zürich (Weidmann), 1970; Voluminis I Pars Posterior. Textus Cum Apparatu, 4. Aufl., Dublin/Zürich (Weidmann), 1971; Volumen II. Leges Novellae, 4. Aufl., Dublin/Zürich (Weidmann), 1971

6. Sammlungen:

Helmut Coing, Auszüge aus der römischen Rechtsliteratur. Zusammengestellt für die Zwecke der Vorlesung Römisches Privatrecht, Frankfurt am Main (Klostermann), 1958

Manfred Fuhrmann/Detlef Liebs, Exempla Iuris Romanis. Römische Rechtstexte. Herausgegeben, übersetzt und erläutert, München (Deutscher Taschenbuch Verlag), 1988

Herbert Hausmaninger, Casebook zum römischen Vertragsrecht, 6. Aufl., Wien (Manz), 2002

Herbert Hausmaninger, Das Schadenersatzrecht der lex Aquilia, 5. Aufl., Wien (Manz), 1996

Herbert Hausmaninger/Richard Gamauf, Casebook zum römischen Sachenrecht, 10. Aufl., Wien (Manz), 2003

Liselot Huchthausen/Gottfried Härtel, Römisches Recht in einem Band. Zwölftafelgesetz, Gaius. Institutionen, Aus den Digesten, Cicero. Rede für Sextus Roscius aus Ameria, Cicero. Aus den zwei Büchern Rhetorik, 4. Aufl., Berlin (Aufbau), 1991

Otto Lenel/Lorenz E. Sierl, Palingenesia Iuris Civilis. Iuris Consultorum Reliquiae Quae Iustiniani Digestis Continentur Ceteraque Iuris Prudentiae Civilis Fragmenta Minora Secundum Auctores Et Libros, Volumen Prius, Graz (Akademische Druck- und Verlagsanstalt), 1960; Volumen Alterum, Graz (Akademische Druck- und Verlagsanstalt), 1960

Salvatore Riccobono/Giovanni Baviera/Contardo Ferrini/Giuseppe Furlani/Vincenzo Arangio-Ruiz, Fontes Iuris Romani Antejustiniani, Pars prima. Leges, Florentiae

(Barbèra), 1968; Pars secunda. Auctores, Libri Syro-Romani, Florentiae (Barbèra), 1968; Pars tertia. Negotia, Florentiae (Barbèra), 1968

Literaturhinweise

1. Gesamtdarstellungen

a) Rechtsgeschichte insgesamt

Friedrich Ebel/ Georg Thielmann/ Susanne Hähnchen, Rechtsgeschichte. Von der römischen Antike bis zur Neuzeit, 4. Aufl., Heidelberg (Müller), 2012

Urs Fasel, Repetitorium zur Rechtsgeschichte. Insbesondere zur Geschichte des Privatrechts, Bern/Stuttgart/Wien (Haupt), 2004

Henry S. Maine, Das alte Recht – Ancient Law, Baden-Baden (Nomos), 1997

Mathias Schmoeckel/ Stefan Stolte, Examinatorium Rechtsgeschichte, 1. Aufl., München/Köln (Heymanns), 2008

Rainer Schröder, Rechtsgeschichte, 8. Aufl., Münster (Alpmann und Schmidt), 2011

William Seagle, Weltgeschichte des Rechts, 3. Aufl., München/Berlin (Beck), 1967 (nachgedruckt)

Marcel Senn, Rechtsgeschichte – ein kulturhistorischer Grundriss mit Bildern, Karten, Schemen, Register, Biographien und Chronologie, 4. Aufl., Zürich (Schulthess), 2007

Uwe Wesel, Geschichte des Rechts. Von den Frühformen bis zur Gegenwart, 3. Aufl., München (Beck), 2006

b) Europäische Rechtsgeschichte

Guido Alpa/ Mads Andenas, Grundlagen des Europäischen Privatrechts, 1. Aufl., Berlin (Springer), 2010

Gábor Hamza, Entstehung und Entwicklung der modernen Privatrechtsordnung und die römischrechtliche Tradition, Budapest (Eötvös), 2009

Gábor Hamza, Wege der Entwicklung des Privatrechts in Europa, Passau (Schenk), 2007

Jan Dirk Harke, Römisches Recht. Von der klassischen Zeit bis zu den modernen Kodifikationen, München (Beck), 2008

Hans Hattenhauer, Die geistesgeschichtlichen Grundlagen des deutschen Rechts, 4. Aufl., Heidelberg (Müller), 1996

Hans Hattenhauer, Europäische Rechtsgeschichte, 4. Aufl., Heidelberg (Müller), 2004

Paul Koschaker, Europa und das römische Recht, 4. Aufl., München (Beck), 1966

Herbert Küpper, Einführung in die Rechtsgeschichte Osteuropas, Frankfurt a. Main/Berlin/Bern/Bruxelles/New York/Oxford/Wien (Lang), 2005

Hermann Lange, Römisches Recht im Mittelalter, Band I. Die Glossatoren, München (Beck), 1997; Hermann Lange/Maximiliane Kriechbaum, Römisches Recht im Mittelalter, Band II. Die Kommentatoren, München (Beck), 2007

Stephan Meder, Rechtsgeschichte. Eine Einführung, 4. Aufl., Köln/Weimar/Wien (Böhlau), 2011

Hans Schlosser, Grundzüge der Neueren Privatrechtsgeschichte, 10. Aufl., Heidelberg (Müller), 2005

Hans Schlosser, Neuere Europäische Rechtsgeschichte. Privat- und Strafrecht vom Mittelalter bis zur Moderne, München (Beck), 2012

Jan Schröder, Recht als Wissenschaft. Geschichte der juristischen Methoden vom Humanismus bis zur historischen Schule (1500-1850), München (Beck), 2001

Peter Stein, Römisches Recht und Europa. Die Geschichte einer Rechtskultur, Frankfurt am Main (Fischer), 1996, unverändert neu aufgelegt

Gerhard Wesenberg/Gunter Wesener, Neuere deutsche Privatrechtsgeschichte im Rahmen der europäischen Rechtsentwicklung, 4. Aufl., Wien/Köln/Graz (Böhlau), 1985

Franz Wieacker, Privatrechtsgeschichte der Neuzeit, 2. Aufl., Göttingen (Vandenhoeck & Ruprecht), 1967 (nachgedruckt)

c) Antike Rechtsgeschichte

Mario Bretone, Geschichte des römischen Rechts. Von den Anfängen bis zu Justinian, 2. Aufl., München (Beck), 1998

Alfons Bürge, Römisches Privatrecht. Rechtsdenken und gesellschaftliche Verankerung. Eine Einführung, Darmstadt (Wissenschaftliche Buchgesellschaft), 1999

Max Kaser, Römische Rechtsgeschichte, 2. Aufl., Göttingen (Vandenhoeck & Ruprecht), 1967 (nachgedruckt)

Josef Kohler/Leopold Wenger, Allgemeine Rechtsgeschichte, Erste Hälfte. Orientalisches Recht und Recht der Griechen und Römer, Leipzig/Berlin (Teubner), 1914

Wolfgang Kunkel/Martin Josef Schermaier, Römische Rechtsgeschichte, 14. Aufl., Köln/Weimar/Wien (Böhlau), 2005

Detlef Liebs, Römisches Recht, 6. Aufl., Göttingen (Vandenhoeck & Ruprecht), 2004

Ulrich Manthe, Geschichte des römischen Rechts, 4. Aufl., München (Beck), 2011

Erwin Seidl, Römische Rechtsgeschichte und römisches Zivilprozeßrecht, 3. Aufl., Köln/Berlin/Bonn/München (Heymanns), 1971

Walter Selb, Antike Rechte im Mittelmeerraum. Rom, Griechenland, Ägypten und der Orient, Wien/Köln/Weimar (Böhlau), 1993

Alfred Söllner, Einführung in die römische Rechtsgeschichte, 5. Aufl., München (Beck), 1996

Günter Stemberger, Der Talmud. Einführung – Texte – Erläuterungen, 4. Aufl., München (Beck), 2008

Günter Stemberger, Einleitung in Talmud und Midrasch, 9. Aufl., München (Beck), 2011

Wolfgang Waldstein/J. Michael Rainer, Römische Rechtsgeschichte, 10. Aufl., München (Beck), 2005

Franz Wieacker, Römische Rechtsgeschichte, Erster Abschnitt. Einleitung, Quellenkunde, Frühzeit und Republik, München (Beck), 1988; *Franz Wieacker/Joseph Georg Wolf,* Römische Rechtsgeschichte, Zweiter Abschnitt. Die Jurisprudenz vom frühen Prinzipat bis zum Ausgang der Antike im weströmischen Reich und die oströmische Wissenschaft bis zur justinianischen Gesetzgebung, München (Beck), 2006

d) Strafrechtsgeschichte

Hinrich Rüping/Günter Jerouschek, Grundriss der Strafrechtsgeschichte, 6. Aufl., München (Beck), 2011

Vormbaum, Thomas, Einführung in die moderne Strafrechtsgeschichte, 2. Aufl., Berlin/Heidelberg (Springer), 2011

2. Systematische Darstellungen

a) Übergreifend

Helmut Coing, Europäisches Privatrecht, Band I. Älteres Gemeines Recht (1500-1800), München (Beck), 1985; Band II. 19. Jahrhundert (1800-1914), München (Beck), 1989

Reinhard Zimmermann, The Law of Obligations. Roman Foundations of the Civilian Tradition, Cape Town/Wetton/Johannesburg (Juta), 1990, und München (Beck), 1996 (nachgedruckt)

b) Römisches Recht

Urs Fasel, Repetitorium zum römischen Privatrecht, Bern/Stuttgart/Wien (Haupt), 2002

Herbert Hausmaninger/Walter Selb, Römisches Privatrecht, 9. Aufl., Wien/Köln/Weimar (Böhlau), 2001

Heinrich Honsell, Römisches Recht, 7. Aufl., Heidelberg/Dordrecht/London/New York (Springer), 2010

Paul Jörs/Wolfgang Kunkel/Leopold Wenger/Heinrich Honsell/Theo Mayer-Maly/Walter Selb, Römisches Recht, 4. Aufl., Berlin/Heidelberg/New York usw. (Springer), 1987

Max Kaser, Das römische Privatrecht, Erster Abschnitt. Das altrömische, das vorklassische und klassische Recht, 2. Aufl., München (Beck), 1971; Zweiter Abschnitt. Die nachklassischen Entwicklungen, 2. Aufl., München (Beck), 1975

Max Kaser/Karl Hackl, Das römische Zivilprozessrecht, 2. Aufl., München (Beck), 1996

Max Kaser/Rolf Knütel, Römisches Privatrecht, 19. Aufl., München (Beck), 2008

Theo Mayer-Maly, Römisches Recht, 2. Aufl., Wien/New York (Springer), 1999

Theodor Mommsen, Römisches Staatsrecht, Erster Band, 4. Aufl., Tübingen (Wissenschaftliche Buchgemeinschaft), ohne Jahr [1952], bis Dritter Band. 2. Teil, 4. Aufl., Tübingen (Wissenschaftliche Buchgemeinschaft), ohne Jahr [1952]

Theodor Mommsen, Römisches Strafrecht, Leipzig (Duncker & Humblot), 1899, Nachdruck Graz (Akademische Druck- und Verlagsanstalt), 1955

Theodor Mommsen/Jürgen Malitz, Römisches Staatsrecht. Stellenregister, München (Beck), 1979

Theodor Mommsen/Jürgen Malitz, Römisches Strafrecht. Stellenregister, München (Beck), 1982

J. Michael Rainer, Römisches Staatsrecht, Darmstadt (Wissenschaftliche Buchgesellschaft), 2006

Erwin Seidl, Römisches Privatrecht, Köln/Berlin/Bonn/München (Heymanns), 1963

Heinrich Siber, Römisches Verfassungsrecht in geschichtlicher Entwicklung, Lahr (Schauenburg), 1952

Josef Wiefels/Harry von Rosen-von Hoewel, Römisches Recht, Heidelberg (Decker & Müller), 1986

3. Biographien

Wolfgang Kunkel, Herkunft und soziale Stellung der römischen Juristen, 2. Aufl., Graz/Wien/Köln (Böhlau), 1967; Nachdruck mit einem Vorwort von *Detlef Liebs,* Köln/Weimar/Wien (Böhlau), 2001

Hilmar Schmuck, Biographisches Archiv der Antike, München (Saur), 1999 (Microfiches)

Hilmar Schmuck, Biographischer Index der Antike, [Band] 1. A-E; [Band] 2. F-O; [Band] 3. P-Z, München (Saur), 2001

4. Quellenkunde

Paul Krüger, Geschichte der Quellen und Litteratur des Römischen Rechts, 2. Aufl., München/Leipzig (Duncker & Humblot), 1912

Fritz Schulz, Geschichte der römischen Rechtswissenschaft, Weimar (Böhlau), 1961 (nachgedruckt)

Leopold Wenger, Die Quellen des römischen Rechts, Wien (Holzhausen), 1953 (nachgedruckt)

5. Lexika

Der Kleine Pauly. Lexikon der Antike, Band 1. Aachen-Dichalkon, München (Deutscher Taschenbuch Verlag), 1979, bis Band 5. Schaf-Zythos. Nachträge, München (Deutscher Taschenbuch Verlag), 1979

Der Neue Pauly. Enzyklopädie der Antike, Bände 1 ff., Stuttgart/Weimar (Metzler), 1996 ff.

Deutsches Rechtswörterbuch (Wörterbuch der älteren deutschen Rechtssprache), Erster Band. Aachenfahrt bis Bergkasten, Weimar (Böhlau), 1914-1932; usw.

Handwörterbuch zur Deutschen Rechtsgeschichte, [1. Aufl.], I. Band. Aachen-Haussuchung, Berlin (Schmidt), 1971, bis V. Band. Straftheorie-Zycha. Register, Berlin (Schmidt), 1998

Handwörterbuch zur Deutschen Rechtsgeschichte, 2. Aufl., I. Band. Aachen-Geistliche Bank, Berlin (Schmidt), 2008, II. Band. Geistliche Gerichtsbarkeit-Konfiskation, Berlin (Schmidt), 2012; weitere Lieferungen, Berlin (Schmidt), 2012 ff.

Gerhard Köbler, Lexikon der europäischen Rechtsgeschichte, München (Beck), 1997, fortgeführt als: Zielwörterbuch europäischer Rechtsgeschichte, 5. Aufl., Gießen-Lahn (Arbeiten zur Rechts- und Sprachwissenschaft), 2009

Lexikon der Alten Welt, Zürich (Artemis), 1965 (in 3 Bänden nachgedruckt)

Paulys Realencyklopädie der classischen Altertumswissenschaft, Neue Bearbeitung, Erster Band, Erster Halbband. Aal bis Alexandros, Stuttgart (Metzler), 1893; usw. (nachgedruckt)

Reallexikon für Antike und Christentum. Sachwörterbuch zur Auseinandersetzung des Christentums mit der antiken Welt, Band I: A und O-Bauen, Stuttgart (Hiersemann), 1950; usw.

The Oxford International Encyclopedia of Legal History, 6 Bände, New York (Oxford University Press), 2009

Julius Weiske, Rechtslexikon für Juristen aller teutschen Staaten enthaltend die gesammte Rechtswissenschaft, Erster Band. A-Bergrecht, Zweite Ausgabe, Leipzig (Wigand), 1844, bis Fünfzehnter Band. Wohnort-Zwangs- und Bannrechte, Leipzig (Wigand) 1861; Repertorium, Leipzig (Wigand), 1862 (nachgedruckt)

6. Wörterbücher

a) Lateinisch

Nikolaus Benke/Franz-Stefan Meissel, Juristenlatein, 3. Aufl., Wien/München/Bern (Manz/Beck/Stämpfli), 2010

Johanna Filip-Fröschl/Peter Mader, Latein in der Rechtssprache, 3. Aufl., Wien (Braumüller), 1999

Karl Ernst Georges/Heinrich Georges, Ausführliches Lateinisch-Deutsches Handwörterbuch, Erster Band. [A-H], 8. Aufl., Hannover (Hahnsche Buchhandlung), 1913 (nachgedruckt); Zweiter Band. [I-Z], 8. Aufl., Hannover (Hahnsche Buchhandlung], 1918 (nachgedruckt)

Hermann Gottlieb Heumann/Emil Seckel, Handlexikon zu den Quellen des römischen Rechts, 11. Aufl., Graz (Akademische Druck- u. Verlagsanstalt), 1971

Rolf Lieberwirth, Latein im Recht, 5. Aufl., Berlin (Huss Medien, Verlag Wirtschaft), 2007

Detlef Liebs, Lateinische Rechtsregeln und Rechtssprichwörter, 7. Aufl., München (Beck), 2007

Joseph Maria Stowasser/Michael Petschenig/Franz Skutsch, Lateinisch-deutsches Schulwörterbuch, Wien/München (Hölder-Pichler-Tempsky/Oldenbourg), 1998 (nachgedruckt)

Taschenwörterbuch zum Corpus juris civilis, den Institutionen des Gaius und anderen römischen Rechtsquellen, 8. Aufl., Berlin (Schweitzer), 1971

Thesaurus Linguae Latinae, Volumen I [A-Amyzon], Lipsiae (Teubner), 1900; usw.

b) Griechisch

Gustav Eduard Benseler/Adolf Kaegi, Griechisch-deutsches Schulwörterbuch, 15. Aufl., Unveränderter Nachdruck, Stuttgart/Leipzig (Teubner), 1994

Wilhelm Gemoll/Karl Vretska, Griechisch-Deutsches Schul- und Handwörterbuch, 9. Aufl., München/Wien (Freytag/Hölder-Pichler-Tempsky), 1954 (nachgedruckt)

Franz Passow/ Val. Chr. Fr. Rost/ Friedrich Palm, Handwörterbuch der griechischen Sprache, 5. Auflage, Darmstadt (Wissenschaftliche Buchgesellschaft), 2008

7. Register

Otto Gradenwitz, Heidelberger Index zum Theodosianus, A. Wortindex, a-ingressus, 3. Aufl., ohne Ort (Weidmann), 1977

Legum Iustiniani Imperatoris Vocabularium. Novellae. Pars Latina, Tomus I. A-Competo, Milano (Cisalpino-Goliardica), 1977, bis Tomus X. Suus-Zygocephala. Appendix, Milano (Cisalpino-Goliardica), 1979; Indices, Milano (Cisalpino-Goliardica), 1977; Pars Graeca, Tomus I. Abarez-Bytharion, Milano (Cisalpino-Goliardica), 1986, bis Tomus VII. Spelaion-Ophelimos. Appendix,

Milano (Cisalpino-Goliardica), 1989; Indices, Milano (Cisalpino-Goliardica), 1984

Robert Mayr, Vocabularium Codicis Iustiniani, I. Pars Latina, Hildesheim (Olms), 1965; II. Pars Graeca, Hildesheim (Olms), 1965

Xaver Ochoa/Aloisius Diez, Indices Titulorum et Legum Corporis Iuris Civilis, Roma (Commentarium pro Religiosis), 1965

Hugo Nicolini/Franca Sinatti d'Amico, Indices Corporis Iuris Civilis, Pars I. Index Titulorum, Mediolani (Giuffrè), 1964; Pars II. Index Legum, Volumen primum/ Volumen secundum/Volumen tertium, Mediolani (Giuffrè), 1967; Pars III. Index Paragraphorum, Mediolani (Giuffrè), 1970

Vocabularium Iurisprudentiae Romanae, Tomus I. A-C, Berolini (Reimer), 1903, bis Tomus V. R-Z, Berolini (de Gruyter), 1939

Pier Paolo Zanzucchi, Vocabolario delle Istituzioni di Gaio, Torino (Bottega d'Erasmo), 1961

8. Indices interpolationum

Index Interpolationum Quae In Iustiniani Digestis Inesse Dicuntur, Tomus I. Ad Libros I-XX Pertinens, Weimar (Böhlau), 1929; Tomus II. Ad Libros Digestorum XXI-XXXV Pertinens, Weimar (Böhlau), 1931; Tomus III. Ad Libros Digestorum XXXVI-L Pertinens, Weimar (Böhlau), 1935; Supplementum I. Ad Libros Digestorum I-XII Pertinens, Weimar (Böhlau), 1929

Index Interpolationum Quae in Iustiniani Codice Inesse Dicuntur, Tomus In Quo Ea Commentatur, Quae Viri Docti In Scriptis Ante Annum 1936 Editis Suspicati Sunt, Köln/Wien (Böhlau), 1969

9. Arbeitsanleitungen

Gerhard Dilcher, Der rechtsgeschichtliche Grundlagenschein, München (Beck), 1979

Karl-Heinz Schindler, Der rechtsgeschichtliche Grundlagenschein und die Digestenexegese, JuS 1990, 386 ff.

Hans Schlosser/Fritz Sturm/Hermann Weber, Die rechtsgeschichtliche Exegese, 2. Aufl., München (Beck), 1993

Uwe Wesel, Die Hausarbeit in der Digestenexegese. Eine Einführung für Studenten und Doktoranden, 3. Aufl., München (Kleist), 1989

Abkürzungen

Abs.	Absatz, Absätze
Aufl.	Auflage
BGB	Bürgerliches Gesetzbuch, vom 18. August 1896, RGBl. 1896, 195, in der Fassung der Bekanntmachung vom 2. Januar 2002, BGBl. I 2002, 42, berichtigt BGBl. I 2002, 2909 und BGBl. I 2003, 738, zuletzt geändert am 19. Oktober 2012, BGBl. I 2012, 2182
BGBl.	Bundesgesetzblatt
BGBl. I	Bundesgesetzblatt, Teil I
C.	Codex Iustinianus
D.	Digesta
f.	und folgender/folgende/folgendes
ff.	und folgende
GG	Grundgesetz für die Bundesrepublik Deutschland, vom 23. Mai 1949, BGBl. 1949, 1, zuletzt geändert am 11. Juli 2012, BGBl. I 2012, 1478
Hrsg.	Herausgeber
I.	Institutiones
JuS	Juristische Schulung (zitiert nach Jahr und Seite)
n. Chr.	nach Christi Geburt
pr	principium
RGBl.	Reichs-Gesetzblatt
S.	Seite, Seiten
StVG	Straßenverkehrsgesetz (StVG), vom 19. Dezember 1952, BGBl. I 1952, 837, in der Fassung der Bekanntmachung vom 5. März 2003, BGBl. I 2003, 310, berichtigt BGBl. I 2003, 919, zuletzt geändert am 22. Dezember 2011, BGBl. I 2011, 3044
usw.	und so weiter

Peter Kreutz

Recht im Mittelalter

Grundzüge der Älteren europäischen
Rechtsgeschichte – Ein Studienbuch

LIT

Peter Kreutz
Recht im Mittelalter
Grundzüge der Älteren europäischen Rechtsgeschichte – Ein Studienbuch
Die Rechtsgeschichte des Mittelalters wird gerade im deutschsprachigen Raum traditionell aus nationaler Sicht betrachtet, als *„Deutsche Rechtsgeschichte"* dargestellt und beschrieben. Dem Mittelalter selbst war der Begriff der Nation in unserem heutigen Verständnis fremd. Die Entwicklung des Rechts in jener Zeit knüpft an an die kulturelle Einheit des Abendlandes, die wesentliche Impulse aus dem Nordosten des Mittelmeerraumes erfährt, aus Byzanz. Das vorliegende Buch versucht die Geschichte von *Recht im Mittelalter* aus dieser europäischen Verflechtung heraus zu erzählen und räumt dabei auch den politischen, sozialen, wirtschaftlichen und geistesgeschichtlichen Hintergründen Raum ein.
Bd. 10, 2010, 160 S., 19,90 €, br., ISBN 978-3-643-10705-3

LIT Verlag Berlin – Münster – Wien – Zürich – London
Auslieferung Deutschland / Österreich / Schweiz: siehe Impressumsseite